U0875706

绿电与冬奥

— 低碳冬奥 —

中国电机工程学会　国家电网有限公司　组编

中国电力出版社
CHINA ELECTRIC POWER PRESS

图书在版编目（CIP）数据

绿电与冬奥. 低碳冬奥 / 中国电机工程学会，国家电网有限公司组编. —北京：中国电力出版社，2022.1

ISBN 978-7-5198-6321-0

Ⅰ. ①绿… Ⅱ. ①中… ②国… Ⅲ. ①冬季奥运会－用电管理－北京－2022 Ⅳ. ① G811.212 ② TM92

中国版本图书馆 CIP 数据核字 (2021) 第 267536 号

出版发行：中国电力出版社
地　　址：北京市东城区北京站西街 19 号（邮政编码 100005）
网　　址：http://www.cepp.sgcc.com.cn
责任编辑：石　雪　（010-63412557）
责任校对：黄　蓓　常燕昆
装帧设计：北京大良造品牌顾问有限责任公司
责任印制：钱兴根

印　　刷：北京博海升彩色印刷有限公司
版　　次：2022 年 1 月第一版
印　　次：2022 年 1 月第一次印刷
开　　本：787 毫米 ×1092 毫米　16 开本
印　　张：3.75
字　　数：60 千字
定　　价：30.00 元

《绿电与冬奥》丛书编委会

主　　编　舒印彪

科普顾问　黄其励

主　　任　李同智　林铭山

编委会成员（按姓氏笔画排序）

丁　莉　于德明　马家斌　王西胜　王　刚　王伟胜　王继业
石庆周　刘明志　刘前卫　刘继东　汤　涌　李　政　肖立业
张丽英　陈　梅　单葆国　高昆仑　常　青　路书军

科普策划　肖　兰　周　缨　曹　荣　伍晶晶

《低碳冬奥》编写组

主　　编　石庆周　王伟胜

副 主 编　石文辉　解鸿斌

编写人员　苏媛媛　王文卓　王　姝　张晓同　胡建祖　蔡钦钦　赵源上
李　爽　伍晶晶

审　　稿　彭清卿　张　翼　邓汉万　丁岩松

前言

2020 年 9 月 22 日，习近平主席在联合国大会发言中提出“中国将提高国家自主贡献力度，采取更加有力的政策和措施，二氧化碳排放力争于 2030 年前达到峰值，努力争取 2060 年前实现碳中和”，彰显了中国积极应对气候变化、走绿色低碳发展道路、推动全人类共同发展的坚定决心。2022 年 2 月 4 日，第 24 届北京冬奥会、冬残奥会将拉开大幕，奋进的中国与奥林匹克再度牵手，北京将成为世界上首座“双奥之城”。北京 2022 年冬奥会秉持绿色、共享、开放、廉洁的办奥理念，从能源、建筑、交通、碳汇等方面，通过前沿技术应用，推进碳减排措施，开展完整的碳中和实践，让绿色办奥成为北京冬奥会最亮底色，为实现碳达峰碳中和目标创造新典范。

习近平总书记强调，我们将竭诚为世界奉献一届奥运盛会。办好北京冬奥会、冬残奥会是党和国家的一件大事，是对国际社会的庄严承诺。能源电力行业完整准确全面贯彻新发展理念，强化绿色低碳技术攻关和示范应用。国家电网有限公司以科技创新服务绿色冬奥，建设张北柔性直流电网示范工程，建立跨区域绿电交易机制，推进能源清洁高效利用，为重大赛事场馆实现绿电安全可靠供应提供可推广的中国智慧、国网方案。

中国电机工程学会和国家电网有限公司组织策划了《绿电与冬奥》科普丛书，将电力科普和冬奥人文知识有机融合，面向公众倡导绿色低碳理念，普及电力科学知识和冰雪运动常识，展示科技冬奥能源电力创新成果。国家电网有限公司冬奥合作工作领导小组办公室相关成员部门、机构，国网北京电力、国网冀北电力、中国电科院、英大传媒集团等单位参与了丛书各分册的编撰和审稿。《绿电与冬奥》丛书共 5 个分册：《低碳冬奥》展现绿色电能如何用低碳、可靠、高效的方式点亮冬奥之光；《绿色电能》介绍奥运史上实现场馆“绿电”供应的全过程；《技术创新》展示为冬奥提供安全、可靠、清洁电力保障的多项创新技术；《智慧用电》介绍冬奥会中无处不在的用电及电力赋能 5G、云转播等各种应用；《可靠供电》介绍了冬奥供电保障体系等内容。

世界期待中国，中国做好了准备。《绿电与冬奥》科普丛书就像奥运五环，环环相扣，分册展示了能源电力行业全面落实国家重大战略，深入推动能源革命，保障安全可靠清洁供电，服务绿色冬奥，服务碳达峰碳中和的生动实践和创新形象。绿色电能服务低碳奥运，科技之光点亮精彩五环！让我们共同期待一届精彩的奥运盛会，向世界展示真实、立体、全面的中国！更快、更高、更强——更团结！一起向未来！

目录
CONTENTS

前言

什么是低碳冬奥

低碳场馆

低碳冬奥村

低碳交通

什么是低碳冬奥

你知道吗

- 什么是碳达峰、碳中和？
- 为什么要低碳？
- 我们的冬奥会有多低碳？

碳的来源

碳是什么？单纯一个“碳”字，是一种化学元素。而“低碳”中的“碳”，通常指以二氧化碳为主的温室气体。

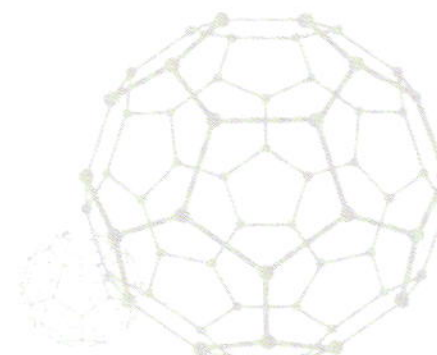

日常生产生活中的碳无处不在。已有研究表明，工业生产是第一大碳排放源，在能源使用造成的二氧化碳排放中占比约为 36%，比如手机、衣服、纸、塑料袋等物品的生产过程，都会释放二氧化碳；第二大碳排放源是生活耗能，占比约为 26%，从住宅、食物到生活用品、休闲娱乐等日常生活中都有可能排放二氧化碳；第三大碳排放源是交通出行，占比约为 25%，公路上飞驰的汽车、空中飞过的飞机、正在运送货物的轮船也不断消耗化石能源产生二氧化碳。此外，有机物（包括动植物）的分解、发酵、腐烂、变质过程，农作物的种植，甚至牛羊消化草料都会产生碳排放。

为什么要低碳

当太阳短波辐射透过大气射入地面时，地面增温后放出的增强的长波辐射被大气中的二氧化碳等物质吸收，使地表与低层大气温度升高，就好像为地球罩上了厚厚的玻璃，使地球变成了一个大暖房，这就是“温室效应”。

随着人类向大气中排入二氧化碳、甲烷等温室气体逐年增加，大气的温室效应逐渐增强，其引发的一系列问题已引起了世界各国的关注。“低碳”是指较低的温室气体（二氧化碳为主）排放。低碳的内核包括低碳经济和低碳生活，低碳经济是以低能耗、低污染、低排放为基础的经济模式；低碳生活就是优化生活方式，在生活中尽量减少二氧化碳的排放量。

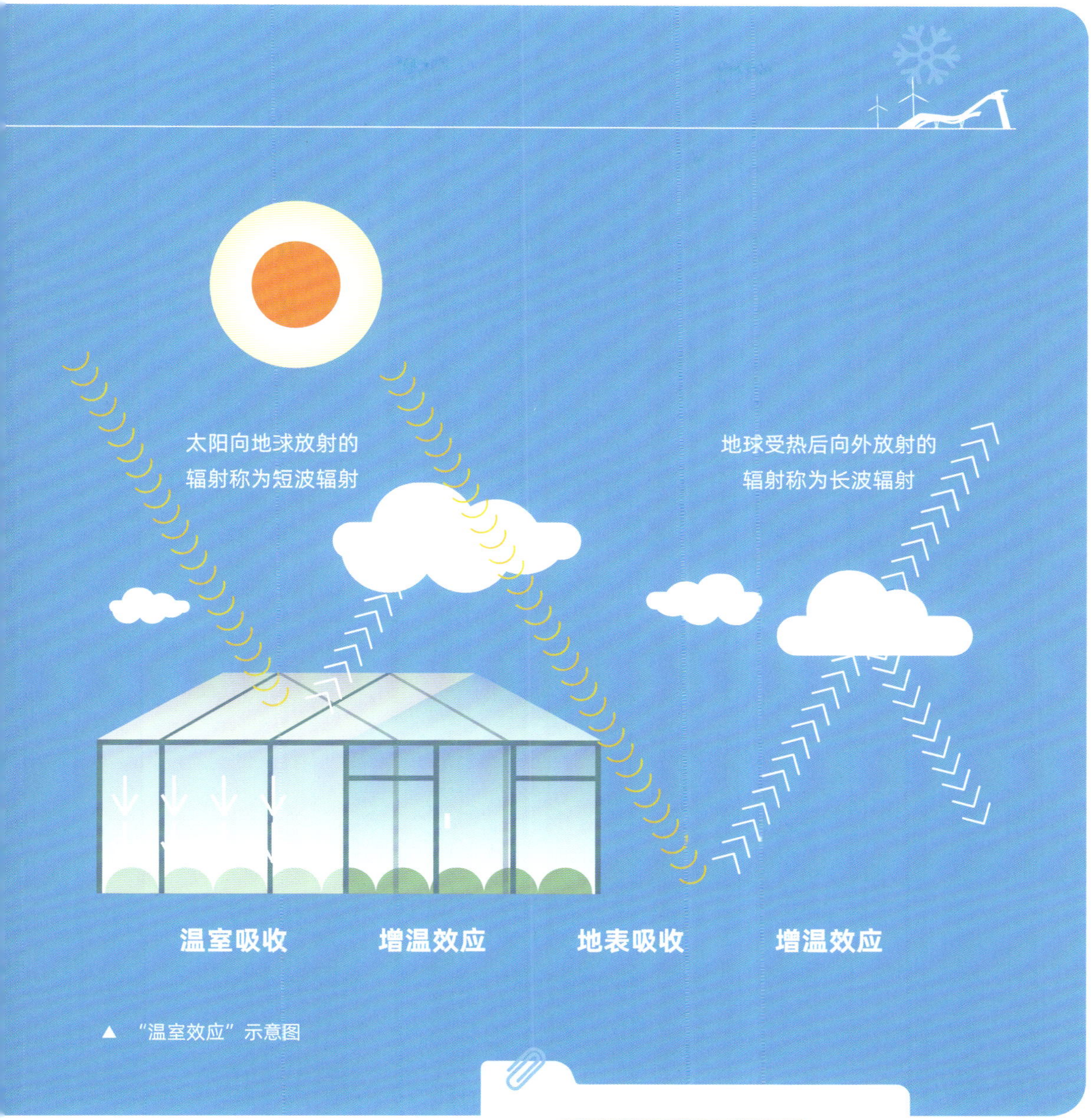

▲ “温室效应”示意图

温室气体都包括哪些呢？

根据联合国政府间气候变化专门委员会的定义，温室气体包括二氧化碳、甲烷、氧化亚氮、氢氟碳化物、全氟碳化物、六氟化硫和三氟化氮。

全球在气候变化领域重要的协定或国际文件

1992 年

在巴西通过了《联合国气候变化框架公约》，这是气候变化的第一个里程碑文件，确定“共同但有区别的责任”原则。

1997 年

在日本签订了《京都议定书》，确立了“自上而下”的全球减排机制，这是人类历史上首次以法规的形式限制温室气体排放。

2009 年

在丹麦签订了《哥本哈根协议》，但这次会议并没有形成具有法律约束力的文件，只是一个反映各方共识的政治性文件。

2015 年

在法国签订了《巴黎协定》，这是人类历史上应对气候变化的第三个里程碑式的国际法律文本，为 2020 年后全球应对气候变化建章立制并作出行动安排。

2020 年

在《巴黎协定》签署 5 周年之际，全球 70 多个国家首脑共同参与的气候雄心峰会在线上举行。

碳达峰、碳中和

“碳达峰”是指国家、企业、个人等的二氧化碳排放量在某个时间点达到历史峰值，并在经历了一段时间的平台期后出现明显降低。

“碳中和”是指企业、团体或个人在一定时间内直接或间接产生的温室气体排放总量，通过植树造林、节能减排和资源化利用等形式，以抵消自身产生的二氧化碳排放量，实现二氧化碳“零排放”。

全球哪些国家（地区）已经提出碳中和目标？

截至 2021 年 3 月，全球一共约有 30 个国家（地区）提出了碳中和目标，另有 2 个国家（地区）已经实现碳中和目标。

已经实现碳中和目标（2 个）

苏里南　不丹

已立法确认碳中和目标（6 个）

瑞典　英国　法国　丹麦　新西兰　匈牙利

碳中和目标在立法过程中（24 个）

欧盟　加拿大　韩国　西班牙　智利　斐济

中国　芬兰　奥地利　冰岛　美国　日本

南非　德国　瑞士　挪威　爱尔兰　葡萄牙

巴拿马　哥斯达黎加　斯洛文尼亚　安道尔　马绍尔群岛　哈萨克斯坦

除了尽可能减少二氧化碳的排放，对已排放的二氧化碳进行再利用也是未来实现碳中和的重要措施。碳捕集、利用与封存（Carbon Capture, Utilization and Storage，简称 CCUS），是把生产过程中排放的二氧化碳进行提纯，继而投入到新的生产过程中进行循环再利用或封存，这是减少化石能源发电和工业过程中二氧化碳排放的关键技术。

碳捕集技术大体分为三种：燃烧前捕集、燃烧后捕集、富氧燃烧捕集。

碳封存是指将捕捉到的二氧化碳运输到封存点进行集中封存的过程。二氧化碳运输有公路、铁路、管道和船舶等多种方式，其中管道运输适用于大批量二氧化碳运送，经济性较好。封存二氧化碳一般要求注入距离地面至少 800 米的合适地下岩层，在这样深度下压力才能将二氧化碳转换成“超临界流体”，不易泄漏；也可注入废弃煤层和天然气、石油储层等，达到埋存二氧化碳和提高油气采收率的双重目的。

北京冬奥会有多低碳环保

2022 年，北京要举办一届真正绿色环保的奥运会，这是北京对全世界的承诺。从低碳能源到低碳场馆，再到低碳交通等，北京冬奥会到底有多低碳环保呢？

「在电力供应方面」

张北柔性直流电网试验示范工程为冬奥会提供了坚强、充裕的绿色能源保障。这张能够输送风电、光伏、抽水蓄能等多种能源的柔性直流电网和创新的冬奥绿电交易机制，将为北京冬奥场馆接通绿色电力。

100%
清洁能源供电

北京冬奥场馆将实现奥运史上首次 100% 清洁能源供电

「众多新技术的应用也让北京冬奥场馆更加低碳」

除了充分利用 2008 年夏季奥运场馆，创造性地实现了“水冰转换”“陆冰转换”外，在新建冬奥场馆时也全面满足绿色建筑三星级标准；在冬奥会历史上首次使用最清洁、最低碳的二氧化碳跨临界直冷制冰技术，不仅减少了传统制冷剂对臭氧层的破坏，而且可实现节能 30% 以上；同时，采用超低能耗技术建设的“被动房”，也提高了北京冬奥村的建筑物能效水平。

11
个

北京及延庆赛区共 11 个冬奥场馆全部通过绿色建筑认证

零

2022 年北京冬奥会首次采用二氧化碳跨临界直冷制冰技术，碳排放趋近于零

90
吨

延庆山地新闻中心建设“绿色”屋顶，
利用 64 个采光天窗，
定制 256 块异形光伏板，
年发电量达 14 万千瓦·时，
产生的绿能相当于减排二氧化碳 90 吨

100
%

延庆冬奥村采用高压电锅炉供暖，
实现了 100% 清洁能源供热

「“高铁 + 电车 + 氢燃料车”为冬奥会提供低碳交通服务」

电能驱动的京张高铁，为北京冬奥会三个赛区间转运提供交通运营服务保障。北京赛区内，主要使用纯电动、天然气车辆；延庆和张家口赛区内，主要使用氢燃料车辆。节能与清洁能源车辆在小客车中占比 100%，在全部车辆中占比 85.84%，为历届冬奥会最高。

135

2022 年北京冬奥会倡导“135”
绿色低碳出行方式，即 1 千米
以内步行，3 千米以内骑自行车，
5 千米左右乘坐公共交通工具

150
辆

位于延庆的氢能产业园项目二期工程，
可为冬奥会 150 辆氢燃料车提供气源

北京冬奥会引领低碳生活方式

综合利用、改造废旧厂房，利用光伏发电、雨水收集和利用等技术，建设绿色高标准的冬奥组委首钢办公区。充分利用自动办公系统、视频会议系统等现代化办公手段，减少纸张及办公用品使用，有效降低碳排放。

▲ 冬奥组委首钢办公区

林业固碳工程方面，北京市和张家口市分别完成 69 万亩和 50 万亩造林工程，产生的碳汇量将中和北京冬奥会碳排放，绿化造林工程也为后代留下绿色冬奥遗产。

北京冬奥组委在 2020 年 7 月 2 日全国低碳日，正式发布“低碳冬奥”微信小程序，践行绿色出行、垃圾分类、自备购物袋、有机轻食、爱用随行杯等低碳行为，鼓励和引导社会公众建立绿色低碳生活方式。

▲ “低碳冬奥”小程序界面

冬 / 奥 / 速 / 递

自由式滑雪

自由式滑雪是选手们在斜坡上进行自由滑降，通过表演各种空中技巧来进行比拼的艺术性比赛，也被称为“雪上杂技”。自由式滑雪可以追溯到 20 世纪初，当时在挪威、意大利、奥地利等地相继出现了用滑雪板翻跟头的动作。1992 年，自由式滑雪被正式列为冬奥会比赛项目。1989 年，中国运动员开始从事自由式滑雪空中技巧项目。该项目也成为中国获得雪上项目金牌的突破口。

在 2022 年北京冬奥会上，自由式滑雪分为男子项目、女子项目和混合项目，其中男子项目和女子项目分别设有 6 个小项：空中技巧、雪上技巧、障碍追逐、U 型场地技巧、坡面障碍技巧。

低碳场馆

你知道吗

- 冬奥场馆有哪些低碳秘密？
- 用二氧化碳如何制冰？
- 水立方怎样变身冰立方？
- 用积雪如何“再生”雪？

绿色建筑

绿色建筑是指在全寿命周期内，节约资源、保护环境、减少污染，为人们提供健康、适用、高效的使用空间，最大限度地实现人与自然和谐共生的高质量建筑。要有合理的选址与规划，尽量保护原有的生态系统，减少对周边环境的影响。要实现资源的高效循环利用，尽量使用再生资源。尽可能采取太阳能、风能、地热、生物能等自然能源。尽量减少废水、废气、固体废物的排放。控制室内空气中各种化学污染物质的含量，保证室内通风、日照条件良好。

北京冬奥会所有新建室内场馆全部达到绿色建筑三星级标准，现有室内场馆通过节能改造达到了绿色建筑二星级标准。

北京、延庆和张家口三个冬奥村均符合绿色建筑三星级标准。北京冬奥村赛后将成为北京市高端人才公寓，延庆冬奥村按照四、五星级两个酒店模式进行建设和赛后运营，张家口冬奥村将在赛后作为滑雪公寓出租或出售。

制定《绿色雪上运动场馆评价标准》，破解冬奥难题

针对雪上场馆的绿建设计问题，北京冬奥组委创新性地制定了《绿色雪上运动场馆评价标准》，主要从生态环境、资源节约、健康与人文、管理和创新这四个方面来进行评价，从低到高划分为基本级、一星级、二星级、三星级四个等级。这是我国首个绿色雪上运动场馆评价标准，填补了国内、国际相关标准的空白，也将是北京冬奥会在规划建设领域中的一项重要的奥运遗产。

在外立面设计上，国家体育馆使用了 863 块一面光滑、一面具有凹凸质感的冰花图案的压花玻璃。19000 米²的“玻璃外衣” 全部采用节能材料的低辐射镀膜玻璃（LOW-E 玻璃），冬季能降低室内热能向室外的传递，夏季阻止室外地面、建筑物发出的热辐射进入室内，从而节约了暖通空调设备的能耗。同时，LOW-E 玻璃还可避免传统玻璃幕墙光反射造成的光污染现象。

北京冬奥会还采用超低能耗技术，建设“被动房”，提高了建筑物能效水平。如五棵松冰上运动中心“冰菱花”安装屋顶光伏，增加自然采光，是全世界单体面积最大的超低能耗公共建筑，并首次在冰场区域采用溶液除湿机组，节能率达 77.1%。

▲ 五棵松冰上运动中心

什么是“被动房”？

“被动房”建筑的概念是在20世纪80年代德国低能耗建筑的基础上建立起来的，简单来说就是一种无需主动供应能源就可以满足冷热资源需求的房屋。与大家日常见到的建筑相比，“被动房”就是不用或少用空调设备进行制冷制热，就能达到很高的舒适性水平的一种建筑形式。在我国又称为超低能耗建筑、近零能耗建筑、零能耗建筑。

北京冬奥村综合诊所就是按照“被动房”标准进行规划设计和建设的，通过保温或无热桥设计，提高建筑物的气密性。

北京冬奥村综合诊所综合节能率达到

51%

与自然融合

在延庆赛区小海坨山南麓，建设有国家高山滑雪中心、国家雪车雪橇中心、延庆冬奥村以及山地新闻中心4个主体建筑。它们采用分散布局，以不破坏山型、不破坏森林的原貌为原则，将建筑景观与自然山林融为一体，也体现出中国山水文化的内涵。

在张家口赛区，对重要植物进行移植和移栽并进行专门的养护，对于不小心破坏的部分也会及时进行清理及恢复原状。赛区还搭建了很多野生动物通道，以防止因山地雪上场馆的搭建而影响动物的活动和迁移。

国家跳台滑雪中心建设过程中尽可能使用可再生材料和环境友好工法，赛道部分以支桥的方式架设，保证了原地表径流路线与生态廊道不被阻断。周边山体植被也进行了恢复。

延庆赛区 “三盆水”保造雪

在延庆小海坨山南坡海拔 900 米、1050 米、1290 米处，分别有两个蓄水塘坝和一个蓄水池，从空中俯瞰好像山间的“三盆水”，从佛峪口水库抽上来的水在这里存蓄，能为赛时山顶的人工造雪提供水源，还能收集融雪水和雨水，循环利用。

两个塘坝和一个水池加起来，蓄水的有效库容一共是 16 万米 ^{3}。根据赛后运营的需要，对再生水、融雪、降雨通过塘坝统一调蓄，从而形成造雪耗水的内循环，实现最大限度保护水资源。

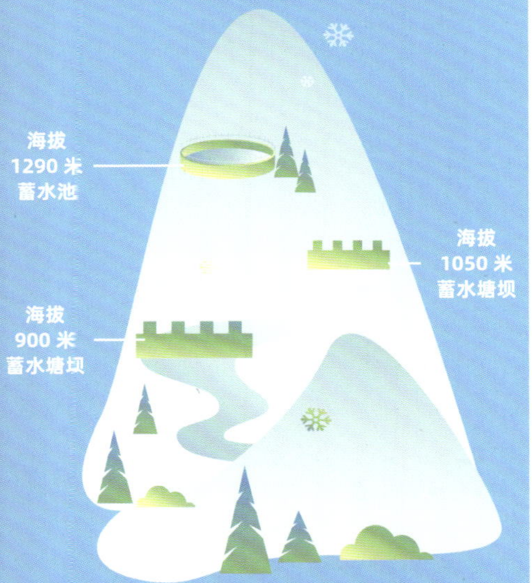

什么是低碳冬奥 01
低碳场馆 02
低碳冬奥村 03
低碳交通 04

用积雪融水“再生”雪

按照冬奥会竞赛标准，高山滑雪的各项比赛赛道均需采用人工造雪方式。如何将水引上高山进行造雪？如此大量的用水如何实现低碳环保呢？国家跳台滑雪中心“雪如意”采用地表水收集技术，用积雪融化形成的雪水重复造雪。

在春季，赛道上大量的积雪会融化成水，并沿山势形成溪流。通过场地高差，积雪融水将被汇集到在附近建设的一个容量达20万米^{3}的蓄水池。“雪如意”地下还建有硅砂蜂巢雨水自净化系统，积雪融水和雨水经过净化后，再回收用于场馆及其周边的日常用水，比如浇树、冲洗厕所等，甚至下一个冬天还可以用来造雪，真正实现了雪水回收再利用。

“雪如意”的设计理念

国家跳台滑雪中心是我国首座跳台滑雪场馆，主体建筑灵感来自于中国传统饰物“如意”，因此被形象地称作“雪如意”。“雪如意”的选址充分利用了自然地形地貌，其所在山谷的落差与形状都与竞赛需求高度契合，被认为是“天生的”跳台滑雪场地。

“雪如意”场馆建设执行绿色雪上运动场馆三星标准，采用了山体生态修复、建筑自然采光自然通风加外遮阳设计、市政管线集中于地下管廊设置、利用透气防渗材料实现水体净化等新技术。

余热用于运动员生活热水、
融冰池融冰、冰面维护浇冰等
冰面硬度均匀，
温差可控制在0.5摄氏度以内
二氧化碳跨临界直冷制冰技术，
碳排放趋近于零

最低碳的技术制造“最快的冰”

北京冬奥会期间，国家速滑馆“冰丝带”将承担速度滑冰比赛，在此将诞生 14 枚金牌。国家速滑馆采用全冰面设计，冰面面积近 1.2 万米^2，约为 1.7 个标准足球场大小，是亚洲最大的冰面。常规方法下，如此巨大的制冰量需要消耗大量的能源并产生大量温室气体。“冰丝带”是如何实现低碳环保的呢？

“冰丝带”采用二氧化碳跨临界直冷制冰技术，是全球首个采用二氧化碳跨临界制冷的冬奥场馆。这项技术是目前世界上最环保的制冰技术，采用直接蒸发制冷，大大节约了冷量损耗的同时，还能将冰面温差精准控制在 0.5 摄氏度以内。相比传统制冷方式，它的制冰效能将提升 30%，为冬奥会打造“最快的冰”，而且制冷非常均匀，不会出现各个部位温度不一样、冰面硬度不均匀的情况，有助于运动员们创造更好的成绩。

二氧化碳是温室气体，用它如何实现低碳制冰？

二氧化碳确实是温室气体，而在制冷剂领域，二氧化碳却是低碳环保的，这是因为二氧化碳本身是大气的组成成分之一，在制冷的过程中仅仅是利用，而不产生新的二氧化碳，也不会像其他制冷剂（如氟利昂）对臭氧层产生破坏。二氧化碳冷媒制冰碳排放值趋近于零，使用相同数量的传统制冷剂的碳排放量，将是二氧化碳制冷剂的 3985 倍。

场馆配套的能源管理智能系统，将制冷产生的余热用于运动员生活热水、融冰池融冰、冰面维护浇冰等。在这种全冰面运营模式下，“冰丝带”一年可节省电量超过 200 万千瓦·时。同时，利用无处不在的空气也能实现用房供暖，每年减排二氧化碳约 160 吨。

夏奥场馆冬奥改造

国家游泳中心“水立方”将进行北京冬奥会冰壶项目的比赛。通过实施“水冰转换”，“水立方”变身“冰立方”，成为世界首例在泳池内搭建冰壶赛道的冬奥场馆。

从“水立方”变身为“冰立方”，并不是将泳池中的水直接冻成冰，而是涉及整个场馆的一项复杂且系统的工程。转化时需要放空、排干游泳池中的水，在泳池内架设可拆卸钢结构，高度达到游泳池外缘，再铺设混凝土预制板，安装可拆装的制冰系统及配套管线，实现泳池与冰壶赛道的转换。

“蓝色泡泡外墙”膜结构下覆盖 PVC 膜，对气膜外立面进行充气、提升

LED 照明减少对冰面的热辐射

“水冰转换”如何实现毫米级误差？

冰壶比赛对冰面平整度要求极高，虽然冰面长度超过 45 米，但冰面厚度仅为 60 毫米。根据冰壶赛事场地的要求，每平方米在承受 150 千克重量的情况下，冰面变形不能超过 1 毫米，且冰面结构自振频率的要求到了 30 赫兹，因此实现“水冰转换”的难度在于高精度。

支撑冰面的可转换钢结构使用 2600 根 3 米高、2 米长的薄壁 H 型特制钢材搭建而成，每根梁柱装有柱脚，每个连接点装有可拆卸高强度螺丝，确保钢架紧固结实。钢架上方需铺设 1500 块 1 米见方、厚度达 100 毫米的预制混凝土板。预制混凝土板安装时，每名工人还需使用卡尺进行精密微调，将“水立方”水冰转换结构的总误差控制在毫米级。

搭“积木”改变赛道

首钢滑雪大跳台位于首钢园区内，除了能观看大跳台比赛，观众也可在此欣赏到自由式滑雪空中技巧赛事。秘诀就藏在赛道的可变剖面里。

在大跳台的斜台区有个长约 36 米、宽约 14 米、最大高差约 3.5 米的区域，通过改变钢结构的搭建，可以调整起跳台的角度，就好像用 1100 个模块搭“积木”，使赛道曲面发生改变，实现单板滑雪大跳台与自由式滑雪空中技巧赛道的快速切换。场馆可根据转换需求反复搭建，既节约成本，也践行了可持续利用的理念。

1100 个模块
改变赛道曲面

赛后利用
打造“双奥遗产”

延庆赛区的国家高山滑雪中心将承担北京冬奥会高山滑雪比赛，赛后将四季运营。雪季将继续举办高山滑雪赛事，为专业滑雪队提供训练场地，并向滑雪技能高级别大众爱好者开放。此外，赛后还将利用回村雪道形成训练雪道，为广大群众提供舒适且富有趣味性的滑雪运动场地。非雪季时期作为山地观光和户外运动场所，可以进行山地探险活动，包括山地越野跑、自行车、滑索、攀岩等。

张家口赛区的国家跳台滑雪中心赛后将进行跳台滑雪项目的比赛、训练、展示、培训和体验，同时，可举办雪上足球、户外冰球等冰雪娱乐项目。其他季节，将设立跳台冒险乐园，并可举办演唱会、音乐节等大型文娱活动。

国家雪车雪橇中心将承担北京冬奥会雪车雪橇比赛，作为世界上第 17 条、亚洲第 3 条、中国首条雪车雪橇赛道，赛后将继续作为比赛场地，用于承接和举办各类高级别相关赛事，同时为国家队提供专业的训练场地。国家雪车雪橇中心在赛道预留大众体验出发口，便于赛后大众在专业安全保障情况下体验雪车雪橇项目，补充休闲娱乐空间，打造兼具大型赛事举办与大众休闲体验双重属性的特色场馆。

国家速滑馆赛后将成为国际滑联卓越中心，常年举办各种冰上赛事，广泛开展群众冰雪运动，成为北京市民参与体育冰上运动的多功能场馆，打造成为集“体育赛事、群众健身、文化休闲、展览展示、社会公益”五位一体的多功能冰上中心。

冬 / 奥 / 速 / 递

自由式滑雪的中国第一

中国第一枚自由式滑雪项目金牌获得者是韩晓鹏。2006 年 2 月 23 日，22 岁的韩晓鹏在都灵冬奥会上一鸣惊人，以完美的两个动作获得了自由式滑雪男子空中技巧金牌，实现了中国在冬奥会历史上男子项目金牌零的突破，也实现了中国在冬奥会历史上雪上项目金牌零的突破。

中国雪上项目第一位获得世界杯总决赛冠军、第一位世界排名第一、第一位获得世界锦标赛冠军的女运动员——李妮娜。作为我国自由式滑雪空中技巧项目的当家花旦，李妮娜连续参加了 2002 年、2006 年、2010 年、2014 年共四届冬奥会，并蝉联 2005、2007、2009 年三届世锦赛冠军。

低碳冬奥村

你知道吗

- 冬奥村里是100%清洁能源供热吗？
- 什么是光伏建筑一体化？
- 北京、延庆、张家口三个冬奥村里各有什么低碳的秘密？

节能改造

北京冬奥村在运行区使用老旧厂房进行改造，大大减少了临建的面积，节省了大量的资金。在物品的配备上，采用了租赁的方式，同时在充分保证服务的基础上，严格限制塑料和一次性物品的使用。每栋建筑之间新建了“暖廊”，避免工作人员出入使室内温度降低，全透明玻璃幕墙的设计，能达到采光保暖作用。

▲ 北京冬奥村运行区

智能楼宇

北京冬奥村在设计上引入了“健康建筑”WELL 金级认证标准，自主研发能耗监控系统，可以有效监测楼宇自控、给排水、变配电等设备能耗，优化设备效率，实现配供平衡和动态管理；采用住户对讲控制，实现一键断电，通过 App 查询家用能耗数据，根据用户使用习惯和电网供电变化，智能规划电能使用。户内环境监测系统还能实现室内颗粒物、温度、二氧化碳等数据监测，提供绿色低碳的室内空气环境。

整座建筑节能比率达

82%

每年减少二氧化碳排放约

42.4 吨

屋顶农场

北京冬奥村选取了 8 栋住宅楼，在其屋顶打造共计 4620 米^{2}的屋顶农场，建设可食用蔬菜及花园空间，并提供园艺耕种的工具，让居住者直接参与农场的种植，将农业生产、生态绿化和城市建筑有机地结合在一起。赛时，可为运动员提供绿色无污染的新鲜蔬菜。

▲ 北京冬奥村

光伏建筑一体化

延庆冬奥村新闻中心屋顶天窗采用光伏建筑一体化方式安装分布式光伏系统，同时借助“互联网 +”及 5G 智能技术，实现整个能源网络的智能化、高效化，向观众直观展示绿色电力生产、输送、消费、节能减排全过程，让绿色承诺“看得见、听得着”。

▲ 延庆冬奥村山地新闻中心

光伏建筑有哪些类型？

绿色光伏建筑按技术路线分，主要有两类：传统的 BAPV 和新兴的 BIPV。BAPV 是简单地将额外的光伏系统附着在原有建筑上，而 BIPV 是一种将光伏产品集成到建筑上的技术，即真正的光伏建筑一体化，从发展的趋势来看，BIPV 将以显著的技术优势逐步取代 BAPV。BIPV 的技术路线也主要分为两种：一是光伏阵列与建筑顶面的集成，如光电屋顶、光电幕墙和光电车棚等。二是光伏阵列与建筑整体的集成，这对光伏组件的要求较高，不仅要满足光伏发电的功能要求，同时还要兼顾建筑的基本功能要求。简单来说，就是用光伏器件代替部分顶面和立面的建材结构，如屋顶和围护结构等。

生态保护

在延庆冬奥村建起的“四合院”天井中，用就地取材的原生态石块砌筑了树木的“安乐窝”，施工过程中开挖出来的碎石被制作成别具一格的“石笼墙”，还有专门建设的动物保护通道。通过建设下凹式绿地、渗透沟和雨水调蓄池等措施，可以对雨水全部回收利用，对产生的生活污水也全部进行净化处理，实现再利用。

在设计施工建设过程中，为了能最大程度保护周边自然环境，原生树木作为延庆冬奥村最主要的景观被原地保留下来。对于无法原地保留的树木，则将其近地移植或迁到专用地块进行保护。施工结束后，被移栽到山下的部分树木也将再度回迁。同时，对地表种植土进行了剥离，为后期原土覆盖、生态修复所用。延庆冬奥村原地保护或移植、迁地保护的树木共计313棵。

▲ 延庆冬奥村天井

清洁供暖

在延庆冬奥村，冬季供暖采用高压电极锅炉，所用电力全部来自延庆赛区综合能源项目供应的绿色电力，使整个延庆赛区冬奥村及山地新闻中心实现 100% 清洁能源供热。

在张家口冬奥村，运动员公寓房间内的地板下铺设碳纤维发热电缆，冬季采用电供热，将电能直接转化为热能，减少热量损耗。所使用的电能全部来自张家口的清洁能源发电，绿色环保。

每年可以利用约 **1800** 万千瓦·时 绿色电力

减少约 **3200** 吨 二氧化碳排放

▲ 张家口冬奥村运动员公寓

采用新型保温材料
并对门窗进行密封
地板下铺设碳纤维发热电缆，
100% 清洁能源供热

超低能耗

张家口冬奥村按照中国最高的绿色建筑三星级标准进行建设。建筑采用新型保温材料，并对门窗进行密封，减少能量的损耗，让室内始终保持适宜的温度和湿度。下沉广场采用透水铺装技术，可以对雨水进行收集用来浇灌植物、冲洗厕所。室内的卫生洁具采用一级的节水设备，更加环保。所有建筑全部采用装配式技术建设，搭建钢框架结构体系，在建筑全寿命周期内可持续使用。

▲ 张家口冬奥村

单板滑雪

单板滑雪是选手们在滑雪单板上利用身体和双脚来控制方向，在被雪覆盖的山坡上快速滑降，并做出各种技术性动作的竞赛项目，也被称为“滑板滑雪”。它是全世界影响范围最大、职业化程度最高的冬季运动项目之一。

单板滑雪由水上冲浪运动演变而来。1998 年，单板滑雪被正式列为冬奥会比赛项目。2003 年，单板滑雪在中国正式立项。因中国在体操、武术等技巧性较强项目中存在较大优势，因此，中国在 U 型场地技巧项目上发展最快、表现最好。

在 2022 年北京冬奥会上，单板滑雪分为男子项目、女子项目和混合项目，其中男子项目和女子项目分别设有 5 个小项：平行大回转、障碍追逐、U 型场地技巧、坡面障碍技巧和大跳台。混合项目为障碍追逐混合团体赛。

低碳交通

你知道吗

- 冬奥会低碳出行的“135”是什么？
- 延崇高速公路有什么特点？
- 电动汽车与氢燃料汽车有什么区别？

京张高铁

京张高铁即北京至张家口高速铁路，为北京冬奥会三个赛区间转运提供交通运营服务保障。京张高铁全线长约 174 千米，主线共设 10 个车站，设计时速达到 200~350 千米 / 小时，从北京北站到延庆赛区约 20 分钟，到张家口赛区约 50 分钟。

京张高铁是由风能、太阳能等清洁能源发出的电力驱动，从而在能源供应上基本实现了零碳排放。

你知道京张铁路的来历吗？

京张铁路是中国自主设计和建造的第一条干线铁路，由我国杰出的工程师詹天佑主持修建。京张铁路于 1905 年 9 月动工，1909 年 10 月通车，起始自北京丰台柳村，经居庸关、八达岭、河北省的沙城、宣化至张家口，全长为 201.2 千米。

詹天佑（1861.4.26—1919.4.24），被誉为中国首位铁路总工程师，负责修建了滦河大桥、京津铁路、京张铁路等工程，有“中国铁路之父”“中国近代工程之父”之称。他开创性地提出了“竖井开凿法”和“人”字形线路，震惊中外。

▲ 京张高铁

全国首个绿色三星级标准设计的铁路客站在哪里？

位于京张铁路段的清河站是全国首个采用《绿色铁路客站评价标准》（TB / T 10429—2014）进行评价并顺利获得三星级设计标识的铁路客站。清河站采用了诸多绿色可持续技术措施，如设置下沉庭院、光导管加强自然采光，采用挑檐和可调节外遮阳构件有效降低太阳辐射的热，采用磁悬浮变频冷水机组显著提升冷源部分负荷性能，全面配置 LED 节能灯具等。建筑节能率达到 67.29％，非传统水源利用率达到 22.14％，可再循环建筑材料用量比达到 15.30％，为新时代铁路绿色客站的设计和建设起到行业引领和示范作用。

延崇高速公路

延崇高速公路作为2022年北京冬奥会交通保障项目，是国内第一批绿色公路建设典型示范工程。你知道在公路交通中如何实现低碳吗？

将隧道弃渣用于路基填筑、填沟造地等，保证资源循环利用。大力推广温拌沥青技术，有效降低生产能耗，减少建设阶段对资源的二次开采和二氧化碳排放。大力推广使用清洁燃料的新能源汽车，优化货物运输结构，引导绿色出行，提升车辆能效水平和运输组织效率等。全线隧道进出口增设1500米保温层，排水管道增设电伴热。

在服务区应用“被动房”技术、中水利用系统，其中赤城服务区实施“海绵广场”试点，进行雨水收集再利用；停车场采用生态透水砖等。

▲ 延崇高速公路太子城互通主线桥

延崇高速建设原则

- 少占地
- 少借方
- 低路堤
- 零弃方

温拌沥青技术

一般来说，沥青拌和需要达到较高的温度，而温拌沥青技术是指通过在沥青混合料的拌和过程中采用加入温拌添加剂等技术手段，使其黏度降低，从而实现在相对较低的温度下进行沥青拌和与施工，同时保持其使用性能不低于热拌沥青混合料。

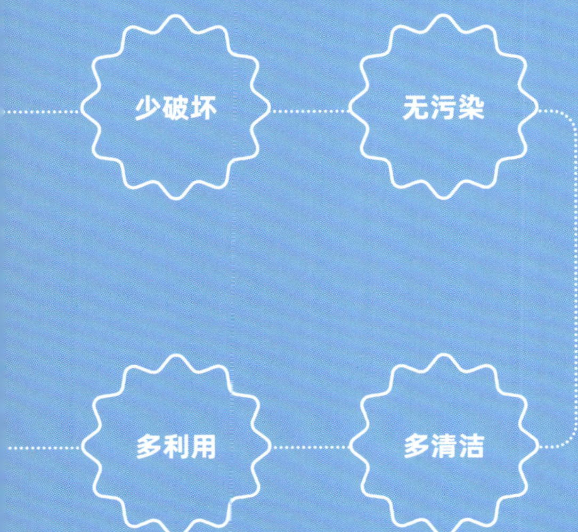

电动汽车

我们通常所说的电动汽车是指采用单一蓄电池作为储能动力源的汽车，通过电池向电动机提供电能，驱动电动机运转，从而推动汽车行驶。蓄电池主要有铅酸电池、镍镉电池、镍氢电池和锂离子电池等。

电能驱动替代燃油驱动，有效避免了二氧化碳等温室气体排放，从而保证电动汽车在行驶过程中实现“零碳排放”。同时，随着清洁能源发电的比例不断提高，电动汽车整个运行过程所产生的碳排放量会逐渐下降。北京冬奥会将实现100% 清洁能源供电，因此，本次冬奥会期间的电动汽车也将实现真正的“零碳排放”。

在本次北京冬奥会中，清洁能源汽车在小客车中占比 100%，在全部车辆中占比 85.84%，为历届冬奥会最高。其中，在北京赛区内，主要是纯电动汽车和天然气汽车；在延庆和张家口赛区内，主要是氢燃料电池汽车。

⇓ CO_2

实现减排约 1.1 万吨二氧化碳

相当于

5 万亩森林一年的碳汇蓄积量

电动汽车与氢燃料电池汽车的区别是什么？

电动汽车与氢燃料电池汽车最大的区别在于：电动汽车用的是蓄电池，把电储蓄在电池里，氢燃料电池并不是蓄电池，而是一个发电装置，能源储存在氢里面，使氢气和氧气产生化学反应发电。因此，氢燃料电池的本质是一种发电装置，而锂离子电池的本质是储能装置。

氢燃料电池汽车

氢燃料电池汽车是以氢气为燃料，通过电化学反应将燃料中的化学能直接转变为电能。因为排放的是水且没有二氧化碳排放，被称为“终极环保汽车”。

与锂电池电动车相比，氢燃料电池汽车续航足、加氢快、绿色环保。氢燃料电池公交车已经实现零下 30 摄氏度极寒环境下的储存和冷机启动，以及开启暖风空调场景下 300 ~ 450 千米的长续驶里程。加氢方便快速，平均 5 ~ 8 分钟就能加满。氢能源最大的优势就是可再生，除了工业副产品制氢外，还可通过煤制氢以及利用光伏、风电等可再生能源电解水制氢。

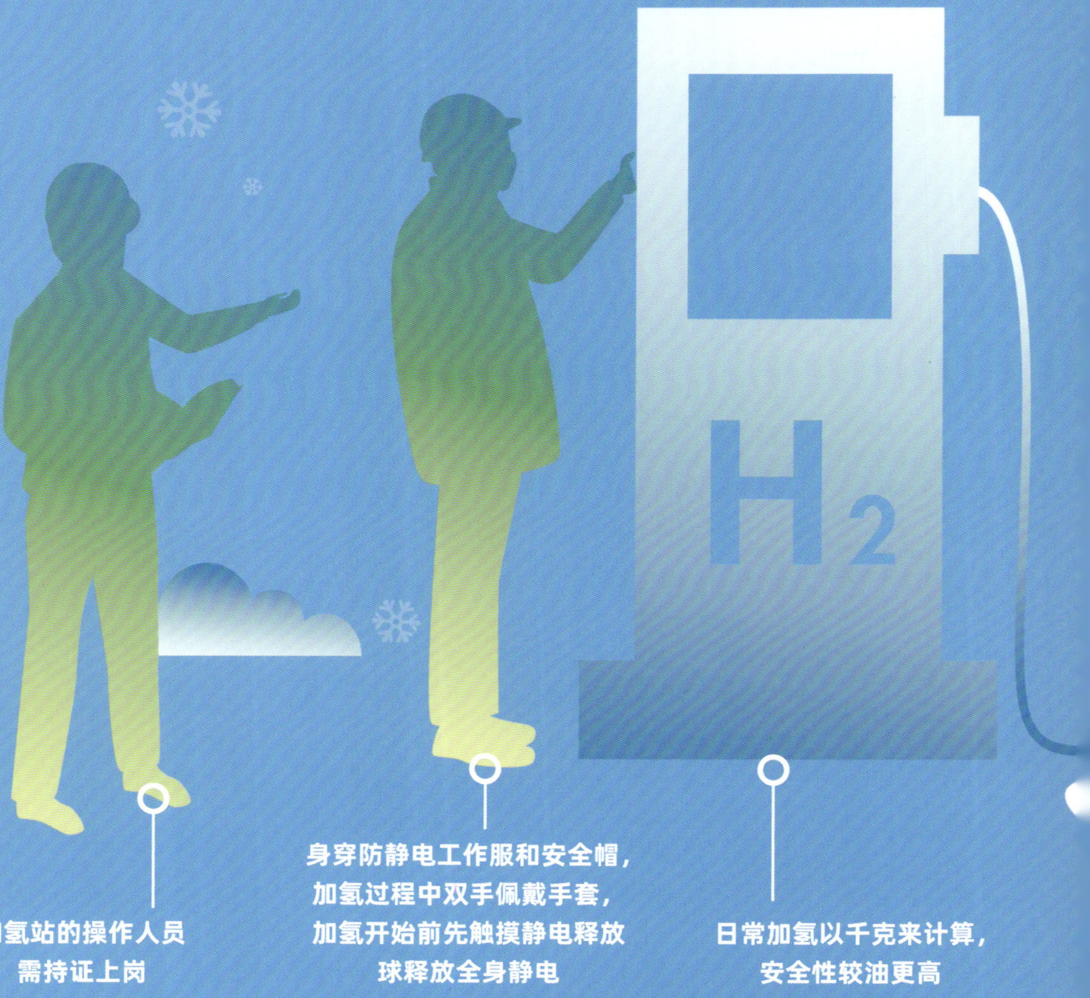

氢燃料电池汽车安全吗？

氢气混合氧气后遇到明火会发生爆炸，那么氢燃料电池汽车到底安不安全？其实在开放空间，泄漏的氢气会在自身浮力的作用下快速扩散到环境大气中，并无安全隐患。另外，车辆在前期设计时需要安装安全阀、管路电磁阀、减压阀、温度传感器、压力传感器等辅助装置，铺设隔热阻燃防火材料，配置电池箱专用灭火装置，同时燃料电池仓与储氢系统也要保持良好的通风条件；车辆出厂前则需要进行车载氢气泄漏检测、系统振动检测、追尾碰撞安全、防碰撞检测等安全检测项目来保障用车安全。

在加氢站的顶部安装着气体检测仪和火焰探测器，这可是加氢站最得力的“哨兵”，当氢气发生泄漏时，它们能够第一时间检测并切断危险源，保障加氢站的安全性。

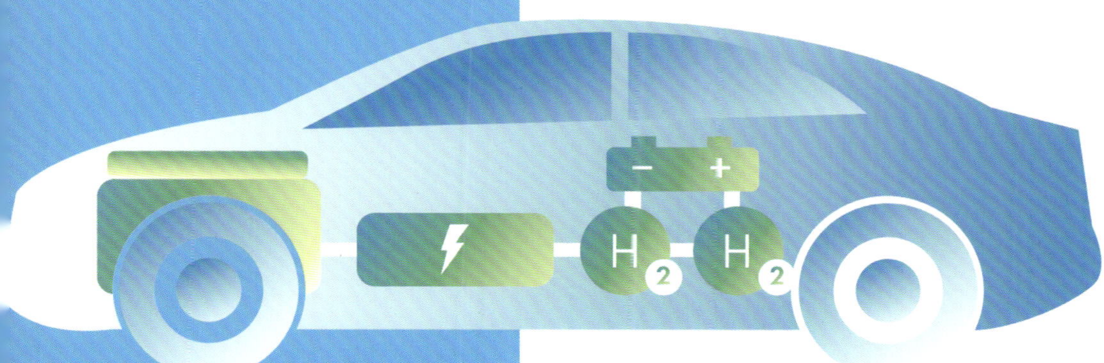

地铁

北京地铁冬奥支线（地铁 11 号线西段）是为服务此次冬奥会而新修的地铁线路，也是北京市第一条智慧轨道交通示范线路。智慧轨道交通示范工程将以服务乘客为核心，集智慧调度、智慧运维、智慧车辆、云平台等基础设施于一体。地铁内新增可视化的乘客召援系统，乘客可以与站务人员实现视听对话。通过提供多元化票种、广播个性化提示服务等措施，提升轨道交通服务能力。此外，通过 5G 信号全覆盖、车与车联网“对话”，进一步提高线路运营效率，极大地方便人们出行。

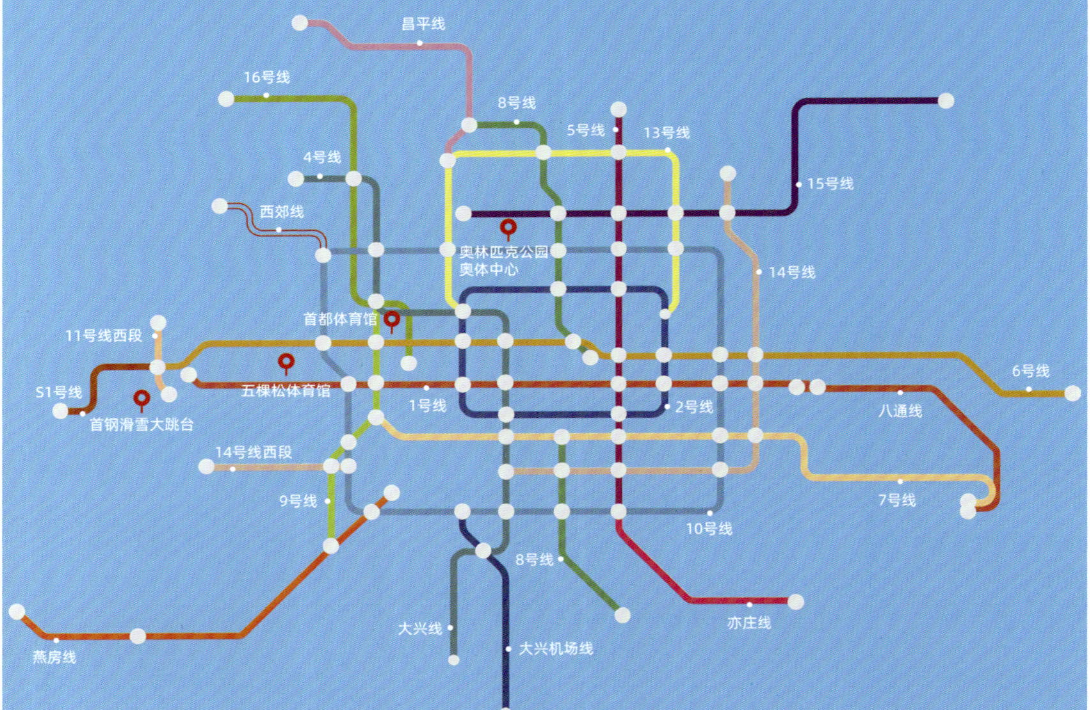

冬 / 奥 / 速 / 递

冬季两项

冬季两项是将越野滑雪和射击相结合的一项运动。选手在比赛中身背专用小口径步枪，每滑行一段距离进行一次射击，最先到达终点者即为获胜者。

冬季两项起源于斯堪的纳维亚半岛，由远古时代的滑雪狩猎演变而来。该项目曾是欧洲的军训科目，于 1924 年被列为首届冬奥会表演项目，1960 年被列为冬奥会比赛项目。中国在 20 世纪 50 年代末及 60 年代初就开展了军事滑雪巡逻和军事两项的训练，并参加了国际性比赛。1977 年，解放军滑雪队率先开展了冬季两项训练。

在 2022 年北京冬奥会上，冬季两项分为男子项目、女子项目和混合项目，其中男子项目和女子项目均设有 5 个小项：短距离赛、追逐赛、集体出发赛、个人赛、接力赛。混合项目为混合接力赛。

历届冬奥会举办时间和地点

届数	举办时间	举办国家	举办地点
第一届	1924 年	法国	夏蒙尼
第二届	1928 年	瑞士	圣莫里茨
第三届	1932 年	美国	普莱西德湖
第四届	1936 年	德国	加米施—帕滕基兴
第五届	1948 年	瑞士	圣莫里茨
第六届	1952 年	挪威	奥斯陆
第七届	1956 年	意大利	科蒂纳丹佩佐
第八届	1960 年	美国	斯阔谷
第九届	1964 年	奥地利	因斯布鲁克
第十届	1968 年	法国	格勒诺布尔
第十一届	1972 年	日本	札幌
第十二届	1976 年	奥地利	因斯布鲁克
第十三届	1980 年	美国	普莱西德湖
第十四届	1984 年	南斯拉夫	萨拉热窝
第十五届	1988 年	加拿大	卡尔加里
第十六届	1992 年	法国	阿尔贝维尔
第十七届	1994 年	挪威	利勒哈默尔
第十八届	1998 年	日本	长野
第十九届	2002 年	美国	盐湖城
第二十届	2006 年	意大利	都灵
第二十一届	2010 年	加拿大	温哥华
第二十二届	2014 年	俄罗斯	索契
第二十三届	2018 年	韩国	平昌
第二十四届	2022 年	中国	北京、张家口

北京 2022 年冬奥会比赛项目、金牌数量和场馆

比赛大项	比赛分项	金牌数量（枚）	冬奥会比赛小项			场馆	赛区
			男子项目	女子项目	混合项目		
滑冰	短道速滑	9	500 米、1000 米、1500 米、5000 米接力	500 米、1000 米、1500 米、3000 米接力	2000 米接力	首都体育馆	北京
	速度滑冰	14	500 米、1000 米、1500 米、5000 米、10000 米、团体追逐、集体出发	500 米、1000 米、1500 米、3000 米、5000 米、团体追逐、集体出发	—	国家速滑馆	
	花样滑冰	5	男子单人滑	女子单人滑	双人滑、冰上舞蹈、团体比赛	首都体育馆	
冰球	冰球	2	男子冰球	女子冰球	—	五棵松体育中心	
冰壶	冰壶	3	男子冰壶	女子冰壶	混合双人冰壶	国家游泳中心	
冬季两项	冬季两项	11	10 公里短距离、20 公里个人、12.5 公里追逐、15 公里集体出发、4×7.5 公里接力	7.5 公里短距离、15 公里个人、10 公里追逐、12.5 公里集体出发、4×6 公里接力	4×6 公里混合接力（男子 + 女子）	国家冬季两项中心	张家口
滑雪	跳台滑雪	5	个人标准台、个人大跳台、团体	个人标准台		国家跳台滑雪中心	
	越野滑雪	12	双追逐、个人短距离、15 公里、4×10 公里接力、团体短距离、50 公里集体出发	双追逐、个人短距离、10 公里、4×5 公里接力、团体短距离、30 公里集体出发		国家越野滑雪中心	
	北欧两项	3	男子个人标准台 +10 公里越野滑雪、男子个人大跳台 +10 公里越野滑雪、男子团体大跳台 +4×5 公里越野滑雪	—		国家跳台滑雪中心 国家越野滑雪中心	
	自由式滑雪	13	空中技巧	空中技巧	空中技巧混合团体	云顶滑雪公园	
			雪上技巧	雪上技巧	—		
			障碍追逐	障碍追逐			
			坡面障碍技巧	坡面障碍技巧			
			U 型场地技巧	U 型场地技巧			
			大跳台	大跳台		首钢滑雪大跳台	北京
	单板滑雪	11	平行大回转	平行大回转		云顶滑雪公园	张家口
			障碍追逐	障碍追逐	障碍追逐混合团体		
			坡面障碍技巧	坡面障碍技巧			
			U 型场地技巧	U 型场地技巧			
			大跳台	大跳台		首钢滑雪大跳台	北京
	高山滑雪	11	滑降、全能、回转、大回转、超级大回转	滑降、全能、回转、大回转、超级大回转	混合团体	国家高山滑雪中心	延庆

续表

比赛大项	比赛分项	金牌数量（枚）	冬奥会比赛小项			场馆	赛区
			男子项目	女子项目	混合项目		
雪车	雪车	4	男子双人	女子单人、女子双人	四人雪车（自由性别）	国家雪车雪橇中心	延庆
	钢架雪车	2	男子单人	女子单人	—		
雪橇	雪橇	4	男子单人	女子单人	团体接力、双人雪橇（自由性别）		

北京 2022 年冬残奥会比赛项目和场馆

比赛大项	冬残奥会比赛小项			场馆	赛区
	男子项目	女子项目	混合项目		
残奥冬季两项	7.5 公里、12.5 公里、15 公里（坐姿）；7.5 公里、12.5 公里、15 公里（站姿）；7.5 公里、12.5 公里、15 公里（视障）	6 公里、10 公里、12.5 公里（坐姿）；6 公里、10 公里、12.5 公里（站姿）；6 公里、10 公里、12.5 公里（视障）	—	国家冬季两项中心	张家口
轮椅冰壶	—	—	混合团体比赛	国家游泳中心	北京
残奥冰球	—	—	混合团体比赛	国家体育馆	
残奥高山滑雪	滑降（站姿、坐姿、视障）、全能（站姿、坐姿、视障）、回转（站姿、坐姿、视障）、大回转（站姿、坐姿、视障）、超级大回转（站姿、坐姿、视障）	滑降（站姿、坐姿、视障）、全能（站姿、坐姿、视障）、回转（站姿、坐姿、视障）、大回转（站姿、坐姿、视障）、超级大回转（站姿、坐姿、视障）	—	国家高山滑雪中心	延庆
残奥越野滑雪	1 公里、10 公里、15 公里（站姿）；1 公里、10 公里、15 公里（坐姿）；1 公里、10 公里、15 公里（视障）	1 公里、5 公里、15 公里(站姿); 1 公里、5 公里、15 公里(坐姿); 1 公里、5 公里、15 公里（视障）	混合级接力 4×2.5 公里、公开级接力 4×2.5 公里	国家冬季两项中心	张家口
残奥单板滑雪	站姿障碍追逐、坡面回转	站姿障碍追逐、坡面回转	—	云顶滑雪公园	